Grundlagen der Psychologie. Wahrnehmungsprozesse, das Selbstwirksamkeitskonzept und Rubikon-Modell

Bibliografische Information der Deutschen Nationalbibliothek:

Die Deutsche Nationalbibliothek verzeichnet diese Publikation in der Deutschen Nationalbibliografie; detaillierte bibliografische Daten sind im Internet über http://dnb.d-nb.de abrufbar.

ISBN: 9783346372512
Dieses Buch ist auch als E-Book erhältlich.

© GRIN Publishing GmbH
Nymphenburger Straße 86
80636 München

Druck und Bindung: Books on Demand GmbH, Norderstedt Germany
Gedruckt auf säurefreiem Papier aus verantwortungsvollen Quellen

Das Buch bei GRIN: https://www.grin.com/document/998929

Sonderprüfung: Einsendeaufgabe

Allgemeine Psychologie

Alternative C

Abgegeben am: 29.01.2021

SRH Fernhochschule

Modul: Allgemeine Psychologie

Studiengang: Wirtschaftspsychologie, Leadership & Management (M.Sc.)

Inhaltsverzeichnis

Abkürzungsverzeichnis

bzw.   beziehungsweise

ggf.   gegebenenfalls

u.a.   unter anderem

S.   Seite

z.B.   zum Beispiel

Abbildungsverzeichnis

Vermerk

In dieser Arbeit wird aus Gründen der besseren Lesbarkeit das generische Maskulinum verwendet. Weibliche und anderweitige Geschlechteridentitäten werden dabei ausdrücklich mitgemeint, soweit es für die Aussage erforderlich ist.

1 Aufgabe 1

Im Rahmen dieser Arbeit soll nachfolgend, anhand eines Prozessmodells, dargestellt werden in welchen Stufen bzw. Schritten Wahrnehmung verläuft. Darauf aufbauend wird definiert, was unter Wahrnehmungsinterpretation zu verstehen ist, um abschließend darzulegen, welche Bedeutung Wahrnehmungsinterpretationen für die Image-Bildung eines Unternehmens hat.

Unter Wahrnehmung (Perzeption) wird die Fähigkeit oder der Prozess verstanden, Informationen über die Sinne aufzunehmen, um Objekte und Ereignisse zu empfinden, diese zu identifizieren, zu verstehen, zu klassifizieren und „[…] schließlich Vorbereitungen dahingegen zu treffen, auf diese Objekte und Ereignisse zu reagieren" (Gerrig & Zimbardo, 2008, S. 108). Unter Wahrnehmung wird auch das Ergebnis dieses Prozesses verstanden (Flade, 1999, S. 833). Die Einteilung der Wahrnehmungsarten kann durch die Sinne erfolgen:

- das Sehvermögen (visuelle Wahrnehmung)
- das Hörvermögen (auditive Wahrnehmung)
- der Tastsinn (somatosensorische oder haptische Wahrnehmung)
- der Geruchssinn (olfaktorische Wahrnehmung)
- der Geschmackssinn (gustatorische Wahrnehmung)
  (Becker-Carus & Wendt, 2017, S. 73, 157)

Diese können durch weitere Wahrnehmungsarten, die sich oftmals an den Sinnen anlehnen, ergänzt werden. Hierzu zählen u.a. die kinästhetische Wahrnehmung / räumliches Vorstellungsvermögen, also die Fähigkeit, sich über die Interaktion der eigenen Person mit der Umgebung bewusst zu sein oder die vestibuläre Wahrnehmung, die Fähigkeit sich mit dem Körper im Raum zu orientieren mithilfe des Gleichgewichtssinnes (Becker-Carus & Wendt, 2017, S. 76, 79).

Die Voraussetzung für Wahrnehmung ist das Vorhandensein von Reizen (Stimuli) in der Umwelt oder aus dem Körperinneren und die Fähigkeit des Organismus diese Wahrnehmungen über die Sensoren aufzunehmen (Anderson, 2013, S. 27). Die bereits vorab dargestellten Sinnesorgane reagieren jeweils auf eine bestimmte Art von Sinnesreiz. Die unterschiedlichen Rezeptoren reagieren auf unterschiedliche Stimuli aus der Umwelt. So beinhaltet das Sehvermögen die Fähigkeit Lichtinformationen, innerhalb des sichtbaren Spektrums, (die Fähigkeit der Rezeptoren die Informationen zu verarbeiten) wahrzunehmen und zu interpretieren. Es werden grundsätzlich vier Typen von Sinnesrezeptoren unterschieden:

- **„Fotorezeptoren** werden von elektromagnetischen Wellen erregt und führen zu Lichtwahrnehmungen
- **Mechanorezeptoren** reagieren auf mechanische, Bewegung auslösende Reize (Druck, Schall) und führen je nach Sinnesbahn zu Schall- , beziehungsweise Berührungs- oder Druckwahrnehmung
- **Chemorezeptoren** werden von chemischen Molekülen erregt und vermitteln Geruchs- oder Geschmacksempfinden
- **Thermorezeptoren** reagieren auf Temperaturveränderungen und führen zu Warm-Kalt-Empfinden" (Becker-Craus & Wendt, 2017, S. 76).

Stimuli aktivieren verschiedene Rezeptoren innerhalb der Sinnesorgane, sodass Informationen über Neuronen an das Gehirn zur Verarbeitung weitergeleitet werden. Dabei ist die absolute Schwelle der Stimuli entscheidend für die Wahrnehmung. Was bedeutet, dass eine Mindeststimulation erforderlich ist, damit ein bestimmter Reiz vom Organismus wahrgenommen werden kann (von der Assen, 2016, S. 6).

Aus der Stimuli-Verarbeitung ergeben sich zwei übergeordnete Stufen im Wahrnehmungsprozess: auf der ersten Stufe die Sinnesempfindung (Sinnesphysiologie), bei der Rezeptoren und damit auch das Nervensystem Reize aus der Umwelt empfangen, sowie auf der zweiten Stufe die Wahrnehmung (Wahrnehmungspsychologie), bei dem die Sinnesinformationen organisiert und interpretiert werden. Im Sinne dieses Prozesses kann zwischen einer Bottom-up-Verarbeitung (Aufwärtsverarbeitung) und einer Top-down-Verarbeitung (Abwärtsverarbeitung) differenziert werden. Die Bottom-up-Verarbeitung ist reizgesteuert, sie beginnt mit der Sinnesempfindung (Reizung der Rezeptoren) und schließt mit der Verarbeitung dieses Sinnesreizes im Gehirn. Die Top-down-Verarbeitung ist wissensbasiert, indem die Interpretation von Informationen auf einem komplexeren mentalen Niveau erfolgt, was bedeutet, dass die erkannten Objekte anhand von Erfragungen und Erwartungen bewertet werden (Myers, 2014, S. 234; von der Assen, 2016, S. 9).

In der Literatur gibt es zur Erklärung von Wahrnehmungsprozesses unterschiedliche Theorien und Modelle. Im Rahmen dieser Arbeit soll vertiefend auf das siebenstufige Modell nach Goldstein eingegangen werden. Das Modell bildet einen vereinfachten Teil der Wirklichkeit ab. In der Realität können die sieben Stufen des Wahrnehmungsprozesses auch von der Reihenfolge abweichen und manchmal Stufen zeitgleich stattfinden (Goldstein, 2015, S. 4). Die nachfolgende Abbildung veranschaulicht den Wahrnehmungsprozess nach Goldstein. Es ist möglich diesen Prozess auf andere Sinne zu übertragen (Goldstein, 2015, S. 20).

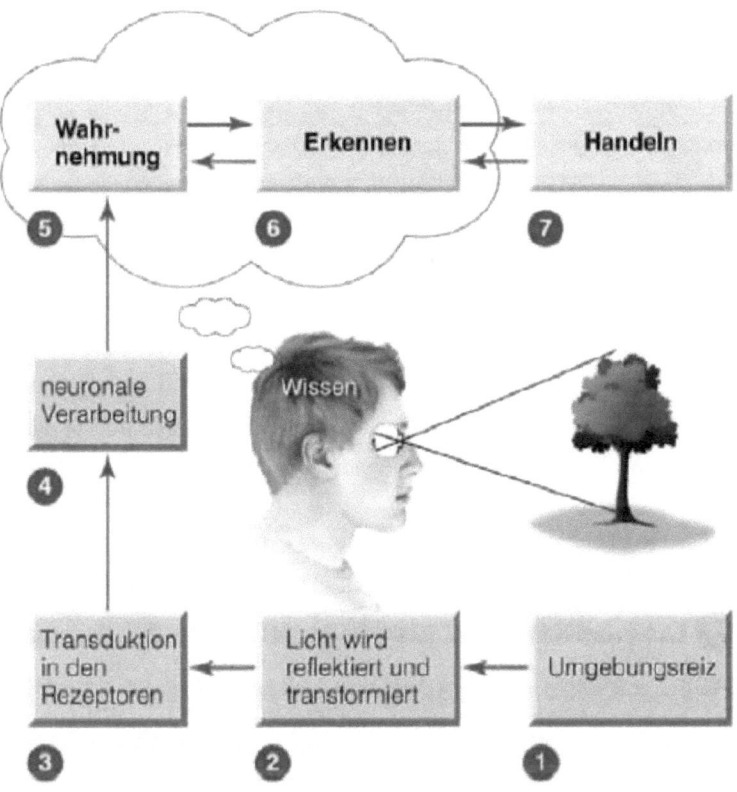

Abbildung 1: Der Wahrnehmungsprozess nach Goldstein
(Quelle: Goldstein, 2015, S. 3)

8

Der Wahrnehmungsprozess beginnt, im Beispiel der visuellen Wahrnehmung, mit dem Umgebungsreiz. In der, von Goldstein ausgewählten Beispiel, stellt dieser Umgebungsreiz das reflektierte Licht eines Baumes dar. Innerhalb der zweiten Stufe finden Reflektion und Transformationen dieses Lichtes (wie im Beispiel, eines Baumes) statt. Die dritte Stufe beinhaltet die Transduktion. Hierbei wird eine Energieform, beispielsweise elektromagnetische Wellen, in eine neue Energieform z.B. elektrische Impulse umgewandelt. Erst diese Umwandlung ermöglicht die Weiterleitung der Informationen an das Gehirn. Die darauf aufbauende Stufe vier stellt die neuronale Verarbeitung dar (Goldstein, 2015, S. 4). Dabei werden die empfangenen elektrischen Stimuli über die Neurone der Retina und Neurone des Sehnervs, sowie über die daran anknüpfenden afferenten Nervenbahnen zum Gehirn geleitet. Es werden, sowohl Informationen von den Rezeptoren zum Gehirn, als auch zur gleichen Zeit Informationen in umgekehrter Richtung geleitet. Dadurch finden bereits bei der parallelen entgegengesetzten Weiterleitung eine Verarbeitung und Veränderung dieser Informationen statt, indem Signale gehemmt oder auch verstärkt werden können. Daraus resultiert, das einige Signale das Gehirn nicht erreichen und andere Signale in der Stärke deutlich intensiver wahrgenommen werden (Ansorge & Leder, 2017, S. 37 – 39).

In Schritt fünf wird das Objekt in seinem vollen Umfang wahrgenommen. Die neuronale Verarbeitung der anfänglichen Stimuli ermöglicht damit den Beginn des Erkennungsprozesses. Nachfolgend wird in Stufe sechs die empfangenen Informationen mit verschiedenen Objektklassen und -kategorien verglichen, welche bisher erlernt und im visuellen Gedächtnis abgespeichert wurden (Becker-Carus & Wendt, 2017, S. 89). Dies ermöglicht das Erkennen des Objektes, wie im Beispiel dargestellt, als Baum. Der siebte und letzte Schritt beinhaltet das Handeln. Als Reaktion auf das Wahrnehmen und Erkennen des Objektes als Baum können Handlungen erfolgen (Beispielsweise den Baum genauer anschauen) (Goldstein, 2015, S. 6, 7). Die zwischen den Schritten 5 bis 7 eingezeichneten Pfeile zeigen, dass die durch die Wahrnehmung ausgelöste Handlung, die Wahrnehmung wieder verändern kann. Dies verdeutlicht auch nochmals, dass die einzelnen Stufen nicht zwingend aufeinander aufbauen, sondern auch in umgekehrter Reihenfolge oder zeitgleich auftreten können (Goldstein, 2015, S. 4, 7).

Das Wahrnehmen und das Erkennen sind eng verknüpft mit der Erfahrung und Informationswerten, die Individuen bereits erworben haben. Dies erklärt auch, warum ein Bottom-up und ein Top-down-Prozess gleichzeitig stattfinden können. In der Wahrnehmungspsychologie wird der Teilbereich des Erkennungsprozesses Wahrnehmungsinterpretation genannt. Zwangsläufig müssen nicht beide Prozesse dabei parallel zueinander ablaufen. Es wäre auch ein reiner Bottom-up-Prozess möglich. Zusätzliche Top-down-Prozesse tragen aber maßgeblich zur besseren Verarbeitung und Interpretation der Wahrnehmung bei. Die Wahrnehmungsinterpretation ist immer individuell abhängig von bisherigen Erfahrungen und bereits erworbenen Wissen. Diese daraus gebildeten Wahrnehmungssets sind demnach immer individuell (von der Assen, 2017, S.10).

Wahrnehmungstäuschungen entstehen dabei nicht durch fehlende Intelligenz und Effektivität der Systeme, sondern durch die Reduktion der erheblichen Datenmenge und der darauf basierenden Wahrnehmungsinterpretation. Die Wahrnehmungstäuschung entsteht durch die Auswahl derjenigen Interpretation, welche als am wahrscheinlichsten eingestuft wird (Gegenfurther, 2011, S. 6, 7). Wahrnehmungssets basieren wiederum auf kognitiven Strukturen, den sogenannten Schemata. Diese beziehen sich auf Situationen, Objekte und Personen und ermöglichen die Organisation und Interpretation von bisher unbekannten Informationen. Schemata bilden dabei die durchschnittliche Erfahrung im jeweiligen Bereich ab und erhalten Erwartungen an diese, wobei sie sich wechselseitig beeinflussen. Die Interpretationen von neuen Erfragungen, orientiert an bereits existierenden Schemata, wird als Assimilation, die Veränderung von bereits existierenden Schemata aufgrund neu gemachter Erfahrungen als Akkommodation bezeichnet. Des Weiteren wird die Wahrnehmungsinterpretation durch emotionale und motivationale Grundstimmungen eines Individuums beeinflusst (Myers, 2014, S. 187, 244).

Die Wahrnehmungsinterpretation ist auch für die Image-Bildung von Unternehmen von Bedeutung. Wobei für diese Arbeit die Definition für Image von Essig, Soulas de Russel & Bauer (2010) zugrunde gelegt werden soll:

> Image ist die Gesamtheit von Gefühlen, Einstellungen, Erfahrungen und Meinungen bewusster und unbewusster Art, die sich eine Person bzw. eine Personengruppe von einem „Meinungsgegenstand" (z.B. einem Produkt, einer Marke, einem Unternehmen) macht. Image wird geprägt von soziokulturellen und subjekti-

ven Momenten (Erfahrungen, Vorurteilen) und stellt eine stereotypisierende Vereinfachung eines objektiven Sachverhaltes dar (S. 23).

Das Image beinhaltet demnach alle Informationen, die einem Individuum über ein Unternehmen, einer Marke oder einem Produkt zur Verfügung stehen, sowie alle Attribute, die mit diesen in Verbindung gebracht werden. Das Image umfasst demnach die Fremdwahrnehmung durch verschiedene Stakeholder eines Unternehmens (Einwiller, 2019, S. 5, 12). Demnach stellen die Schemata der Wahrnehmungsinterpretation, in Bezug auf, das Image eines Unternehmens standardisierte Vorstellung über selbiges dar. Innerhalb dieses Rahmens wird ein Unternehmen wahrgenommen, (wieder-) erkannt und bewertet, wobei das damit assoziierte Gefühl entweder als positiv, negativ oder als ambivalent empfunden werden kann (Einwiller, 2019, S. 5). Assoziationen, die mit dem Unternehmen in Verbindung gebracht werden, erfolgen über Stimuli, wie das Unternehmenslogo. Was in Konsequenz zu einer Rekapitulation aller bisherigen gesammelten Informationen und Erfahrungen führen kann. Die Schemata beinhalten auch Bewertungen in Bezug auf bestimmte, dem Unternehmen zugeordnete Attribute und Erfahrungen. Diese Attribute können sowohl Wissen und Meinungen in Bezug auf die Produkte und Dienstleistungen, als auch persönliche Erfahrungen mit dem Unternehmen, aber auch Informationen aus den Medien oder dem Umfeld beinhalten. Diese Bewertungen oder auch Einstellungen beschreiben die Neigung ein Unternehmen eher positiv oder negativ wahrzunehmen. Einstellung sind langfristig und schwer veränderbar und sind demnach für ein positives Unternehmensimage von zentraler Bedeutung (Einwiller, 2019, S. 6, 7). Das Image eines Unternehmens ist verbunden mit dessen wirtschaftlichen Erfolg, was bedeutet, dass ein Unternehmen in aller Regel ein positives Image anstrebt und gezielt auch die Wahrnehmung der einzelnen Stakeholder beeinflussen möchte. Für Unternehmen bedeutet dies, dass die Unternehmenskommunikation einer gezielten Strategie unterliegen muss, um die Werte und Assoziationen zu kommunizieren, mit denen ein Unternehmen in Verbindung gebracht werden möchte (Einwiller, 2019, S. 20).

Zusammenfassend lässt sich festhalten, dass die Wahrnehmungsinterpretation einen großen Einfluss auf die Image-Bildung eines Unternehmens nimmt. Grundlage ist die starke individuelle Wahrnehmung und Bewertung von Sinneseindrücken. Demnach besteht die Herausforderung für Unternehmen, darin sich am Markt so zu positionieren, das gegenüber allen Stakeholdern die gewünschten Werte und Assoziationen kommuniziert werden können, mit denen sich ein Unternehmen auch identifizieren möchte. Da das Image bzw. die individuelle Meinung eines Individuums über selbiges, immer subjektiv durch existierende Wahrnehmungssets, Schemata, sowie emotionalen und motivationalen Grundstimmungen beeinflusst wird.

2 Aufgabe 2

Im nachfolgenden Teil dieser Arbeit wird das Konzept der Selbstwirksamkeit darge-stellt und die Rolle der Selbstwirksamkeit in der Gesundheitsprävention erörtert. An-schließend werden die Quellen der Selbstwirksamkeit aufgezeigt und Faktoren dar-gestellt, welche zusätzlich präventive Maßnahmen in Organisationen unterstützen können.

Das Konzept der Selbstwirksamkeit „Self-Efficacy" stammt vom amerikanischen Psychologen Albert Bandura und beruht auf seinen sozial-kognitiven Theorien. (1995). Selbstwirksamkeit kann als die (subjektive) Einschätzung der eigenen Fähig-keiten in Bezug auf die Bewältigung von neuen oder schwierigen Situationen und Aufgaben definiert werden. Individuen sind demnach durch die Einstellung auf die Wirksamkeit des eigenen Handelns oder den Glauben an sich selbst beeinflusst. Da-bei ist nach dem Konzept der Selbstwirksamkeit die Motivation, die Persönlichkeit und Verhaltensweise eines Individuums mehr vom Glauben und der Überzeugung beeinflusst als von Tatsachen (Bandura, 1995, S. 2).

Ursprünglich hatte Banduras das Konzept als ein individuelles Konstrukt erfasst, in-zwischen aber um die kollektive Selbstwirksamkeit erweitert. Bei der kollektiven Selbstwirksamkeitserwartung geht es um die Koordination und Kombination der ver-schiedenen Gruppen-Selbstwirksamkeiten und das Vertrauen der einzelnen Grup-penmitglieder in die Teamressourcen (Bandura, 1995, S. 2; Schwarzer & Jerusalem, 2002).

Zusammenfassend schließt Bandura, dass die Selbstwirksamkeit u.a. folgende Handlungsaspekte einer Person beeinflusst:

- die Wahl / Entscheidung sich in eine bestimmte Situation zu begeben
- die Anstrengung, die unternommen wird, um eine Aufgabe zu erfüllen oder ein Problem zu lösen
- das Durchhaltevermögen auf dem Weg zur Zielerreichung bzw. die Frustrati-onstoleranz
- und die Gefühle während der Bewältigung von Situationen und Problemen (1995, S. 58).

Individuen mit einer niedrigen Selbstwirksamkeitserfahrung sind davon überzeugt, dass sie mit ihren Fähigkeiten wenig erzielen können und eher scheitern werden. Sie nehmen an, dass ihr Leben mehr durch äußere Umstände und / oder dem Schicksal als von ihnen selbst bestimmt wird. Wohingegen Individuen mit einer höheren Selbstwirksamkeitserwartung davon überzeugt sind, dass sie selbst etwas bewirken und schwierige Situationen bewältigt werden können. Diese Personen investieren nicht nur größere Anstrengungen und verfügen über mehr Ausdauer bei der Bewältigung von Aufgaben, sondern wählen zu Beginn schon schwierigere Aufgaben und sehen diese eher als Herausforderung (Bandura, 2000; Schwarzer & Jerusalem, 2002). Darüber hinaus wirkt sich die individuelle Selbstwirksamkeitserwartung auf den Umgang mit Scheitern und Misserfolg aus.

Die Selbstwirksamkeit ist zeitlebens beeinflussbar und somit auch innerhalb deiner Gesundheitsprävention einsetzbar, da Selbstwirksamkeit das Denken, Fühlen und Handeln, sowie die Zielsetzung, Anstrengung und Ausdauer, die eine Person investiert beeinflusst. Beispielhaft wären hierbei die Akzeptanz und Umsetzung von gesunden Lebensgewohnheiten, wie gesunde Ernährung und ausreichende regelmäßige Bewegung zu nennen. Eine Stärkung von Selbstwirksamkeitserwartung kann durch die erfolgreiche Bewältigung von Aufgaben und Projekten erfolgen. Mitarbeitern sollten demnach die Möglichkeit gegeben werden diese Erfahrungen zu machen, indem Über- und Unterforderungssituationen vermieden und die Aufgabe als sinnvoll und zielführend empfunden werden. In einem betrieblichen Gesundheitsmanagement sollte nicht nur die Selbstwirksamkeit geschult werden, um ein generelles Verständnis zu erschaffen, sondern auch jedem Mitarbeiter die Möglichkeit aufzuzeigen eine Quelle für Selbstwirksamkeitserwartung für andere zu sein und die eigene positiv zu beeinflussen (Bandura, 1995, S. 3 - 5; Bandura, 2000).

Bandura hat vier Quellen zur Entstehung, Entwicklung und Beeinflussung von Selbstwirksamkeit ermittelt, wobei die Rangfolge die Stärke Ihres Einflusses auf ein Individuum widerspiegelt.

- *„Mastery experiences"* - Die eigenen Erfolgserfahrungen eines Individuums mit dem Meistern von schwierigen Situationen unterstützt am stärksten den Aufbau von Selbstwirksamkeit. Wobei zu beachten ist, dass Erfolg stärkend und Misserfolg schwächend auf die Selbstwirksamkeit einwirkt. Bei einem Individuum, das über eine starke Selbstwirksamkeit verfügt, haben einzelne Misserfolge auch einen geringeren Einfluss, sondern werden eher konstruktiv umgesetzt, um zu späteren Zeitpunkten erfolgreich zu sein.

- *„Vicarious experiences"* - Lernen an Modellen und Vorbildern, durch stellvertretende Erfahrungen, die durch beobachten von erfolgreichen Modellpersonen erfolgen. Wobei das Vorbild dabei in möglichst vielen Attributen mit dem Lernenden übereinstimmen sollte.

- *„Social persuasion"* - Emotionale und soziale Unterstützung (verbale Überzeugung bzw. Überredung) durch eine Person mit Autorität. Wichtig ist dabei, dass die Anstrengung danach zu einem Erfolgserlebnis führt. Individuen, die Andere dadurch unterstützen, vermitteln nicht nur positive Überzeugung, sondern bieten auch Situationen, in denen eine Person (sehr wahrscheinlich) erfolgreich sein kann.

- *„Physiological and affective states"* – beinhaltet emotionale Zustände und Reaktionen in Bezug auf die Wahrnehmung eigener Gefühle und deren Interpretation. Der Erregungszustand einer Person (z.B. das Empfinden von Angst vor einer Aufgabe / Situation gegenüber) kann die Beurteilung der eigenen Bewältigungskompetenzen (positiv, wie negativ) beeinflussen. Es geht dabei nicht nur um die Intensität der Emotionen und der physischen Reaktionen, sondern auch darum, wie eine Person diese wahr nimmt und interpretiert. Des Weiteren beeinflusst eine positive Stimmung die Selbstwirksamkeit einer Person, indem sie diese anhebt und eine negative diese verringert (Bandura, 1995, S. 3, 4, 5; Bandura, 2000; Schwarzer & Jerusalem, 2002).

Der Gesundheitsprävention wird in den letzten Jahren immer mehr Bedeutung beigemessen. In der Gesundheitspsychologie wird Gesundheit im Grundprinzip als körperliches, psychisches und soziales Wohlbefinden beschrieben (Vollmann & Weber, 2011). Ein Bereich der Gesundheitspsychologie beschäftigt sich mit der Frage, wie die Persönlichkeit und Persönlichkeitseigenschaften eines Individuums Einfluss auf dessen Gesundheit (im Positiven, wie Negativen) hat. Aufgrund ihrer Beständigkeit, wird von den meisten Wissenschaftlern inzwischen die Meinung vertreten, dass Persönlichkeit Einfluss auf die Gesundheit eines Individuums nimmt (Weber & Vollmann, 2005).

Neben der Selbstwirksamkeitserwartung können weitere psychologische Faktoren die präventiven Gesundheitsmaßnahmen unterstützen. Hierzu zählen unter anderem kognitive, gesundheitsrelevante Merkmale, wie die Resilienz, die Kohärenz, die Kontrollüberzeugung und Optimismus (Weber & Vollmann 2005, 2011). Im Folgenden soll die Resilienz, die Kontrollüberzeugung und Optimismus näher betrachtet werden.

Resilienz wird definiert als „[...] die menschliche Widerstandskraft gegenüber belastenden Lebensumständen" (Frey, 2016, S. 157). In der Literatur wird die Selbstwirksamkeit als eine der Voraussetzung für Resilienz aufgeführt und durch folgende Persönlichkeitsmerkmale bei resilienten Individuen ergänzt: gefestigtere Emotionen, höhere Gewissenhaftigkeit und Offenheit gegenüber neuartigen Herausforderungen (Frey, 2016, S. 159). Um die Entwicklung von Resilienz in Organisationen zu fördern, ist die aktive Gestaltung des Arbeitsumfeldes von Nöten. Dies beinhaltet unter anderem: realistische Zielsetzungen, eine ausgeglichene Work-Life-Balance, Raum für Innovationen, Handlungsfreiräume, eine konstruktive Fehlerkultur, sowie Führungskräfte, die als Vorbilder und Mentoren fungieren (Frey, 2016, S. 162, 163).

Die Resilienz kann auch auf individueller Ebene beeinflusst werden. Hierzu zählen die realistische Einschätzung von eigenen Kompetenzen, Anpassungsfähigkeit, Eigenständigkeit, ein achtsamer Umgang mit Stressfaktoren, sowie eine hohe Selbstwirksamkeitserwartung (Frey, 2016, S. 162 - 163). Grundlegendes Ziel der Resilienz ist es durch den Aufbau von vielseitigen Ressourcen, die Aufrechterhaltung bzw. Wiederherstellung von Gesundheit während und nach stark herausfordernden Situationen.

Die Kontrollüberzeugung ist eng verknüpft mit dem Konstrukt der Selbstwirksamkeit. Dabei wird unter Kontrollüberzeugung die Fähigkeit von Individuen verstanden eine Erwartung dahingegen zu bilden, inwiefern sie selbst Einfluss auf Ereignisse in ihrem Leben nehmen können. Die Literatur unterscheidet dabei zwischen externaler und internaler Kontrollüberzeugung. Menschen mit externaler Kontrollüberzeugung sind der Ansicht, dass sie durch ihr Verhalten wenig Einfluss auf die Ereignisse in ihrem Leben nehmen können und das Erfolg und Scheitern entweder Ursachen in der Umwelt oder dem Zufall zugeschrieben werden. Wohingegen Individuen mit internaler

Kontrollüberzeugung die Überzeugung haben den Verlauf ihres Lebens aktiv über Verhaltensweisen steuern zu können (Jakoby & Jacob, 1999, S. 62). Dies lässt sich auch auf die Gesundheitsprävention übertragen, indem von einer entweder krankheits- der gesundheitsspezifischen Kontrollüberzeugung ausgegangen wird. Bei einer externalen Kontrollüberzeugung wird die Verantwortung für die eigene Gesundheit an die Umwelt, wie beispielsweise Ärzte, abgegeben. Eine internale Kontrollüberzeugung in der Gesundheitsprävention zeigt sich dagegen in der Ansicht, dass die Gesundheit in der eigenen Kontrolle liegt und aktiv durch eigene Verhaltensweisen beeinflusst werden können (Jakoby & Jacob, 1999, S. 62).

Eine positive Kommunikation, Lob und konstruktive Kritik kann sowohl zur Steigerung von Selbstwirksamkeit und dem Optimismus beitragen. Optimismus ist im Allgemeinen eine positive Ergebnis- und Zukunftserwartung und kann folgendermaßen eingestuft werden „[...] Optimismus als personale Ressourcenvariable aufgefasst, die der psychischen und physischen Gesundheit auf verschiedenen Wegen förderlich ist" (Hoyer und Yorck Herzberg, 2009, S. 69). Untersuchungen zeigten, dass insbesondere in stressigen Situationen, Optimismus eine positive Auswirkung auf das subjektive Wohlbefinden und die physische Gesundheit hat. Außerdem gibt es unter anderem positive Auswirkungen auf die Lebenszufriedenheit, das Selbstwertgefühl, Emotionen und die physische Gesundheit (Schwarzer & Jerusalem, 2002, Vollmann M., & Weber H., 2011).

Oberflächlich betrachtet ist sowohl Optimismus als auch Pessimismus eine erlernte Geisteshaltung und kann dementsprechend beeinflusst werden. Es ist bekannt, dass Optimismus nicht nur die Gesundheit positiv beeinflusst, sondern auch zwischenmenschliche Beziehungen. Eine durch Positivität und Unterstützung geprägte Zusammenarbeit mindert das Stresserleben am Arbeitsplatz und steigert das Wohlbefinden. Optimisten sind davon überzeugt, dass schwierige Situationen sich ins Positive wenden, unabhängig, ob dies Glück, Zufall oder durch eigene Anstrengung geschieht. Einige Studien belegen, dass Optimismus einen positiven Einfluss auf die psychische und physische Gesundheit hat. Unter anderem konnte gezeigt werden, dass es einen positiven Zusammenhang zwischen Optimismus und Lebenszufriedenheit gibt. Außerdem konnte eine negative Korrelation bei Ängstlichkeit, Stresserleben und Depressivität aufgezeigt werden (Weber & Vollmann 2005).

17

Es gibt weitere unterstützende, wie blockierende psychologische Faktoren, die innerhalb einer gezielten Gesundheitsprävention bedacht werden müssen, um die Grundprinzipien von Gesundheit, körperliches, psychisches und soziales Wohlbefinden, zu ermöglichen (Vollmann & Weber, 2011). Dabei zeigt sich auch, wie wichtig die Einbeziehung der Psychologie in das Thema Gesundheit ist. Nur bei der Betrachtung von physischen und psychischen Faktoren ist eine ganzheitliche und somit erfolgreiche Gesundheitsprävention möglich.

3   Aufgabe 3

Der abschließende Teil dieser Arbeit umfasst zunächst das Rubikon-Modell, anhand dessen die Begriffe Motivation und Volition differenziert werden. Anschließend soll anhand eines Beispiels aufgezeigt werden, wie sich die Handlungskontrollstrategien nach Kuhn zielführend in der Praxis einsetzen lassen.

Die Psychologie beschäftigt sich u.a. mit Überlegungen und der Erforschung, wie Individuen eine Motivation in eine Handlung umsetzen. Mit dem Rubikon-Modell der Handlungsphasen zeigte der Psychologe Heinz Heckhausen in vier Phasen, wie Motivation in Handlung und Zielerreichung umgesetzt werden kann. Wobei sich der Name des Modells, aus der Geschichte um Julius Cäsar und der Überquerung des Grenzfluss Rubikon ableitet. Mit der Überquerung des Rubikon wird bildhaft eine Entscheidung für eine Handlungsalternative und die Absicht, diese Alternative auch umzusetzen, dargestellt. Im Falle von Julius Cäsar, bedeutete die Entscheidung den Rubikon mit seinem Heer zu überqueren, eine Kriegserklärung und der Beginn eines Bürgerkrieges (Heckhausen, 1987, S. 6, 7).

Die vier Phasen des Modelles stellen unterschiedliche Aufgaben an den Handelnden: 1. Abwägen (prädezisionale Phase), 2. Planen (postdezisionale/Präaktionale Phase), 3. Handeln (aktionale Phase) und 4. Bewerten (postaktionle Phase) (Achtziger & Gollwitzer, 2010, S. 310).

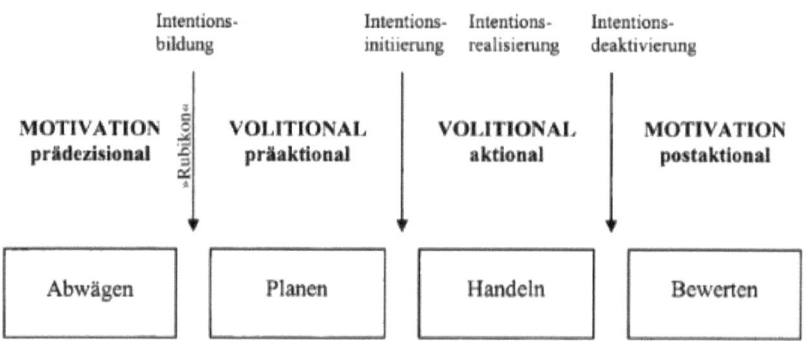

Abbildung 2: Das Rubikon-Modell der Handlungsphasen
(Quelle: Heckhausen & Gollwitzer, 1987 zitiert nach Achtziger & Gollwitzer, 2010, S. 311)

In der **prädezisionalen Phase** des Abwägens geht es um das Bestimmen von Wünschen und Zielen. Die Chancen und Risiken werden abgewogen und eine solide Auswahl erstellt. Wobei die Konzentration auf die Ziele erfolgt, die sich mit den vorhandenen Mitteln am ehesten realisieren lassen. Die Überschreitung des Rubikons stellt dabei bildhaft auch die Umwandlung des Wunsches in ein Ziel dar (Achtziger & Gollwitzer, 2010, S. 310, 311).

In der zweiten der **präaktionalen Phase** stehen die Frage der Umsetzung und die der Strategieentwicklung, um die Ziele zu realisieren im Mittelpunkt. Es werden dabei Entscheidungen getroffen, wie gehandelt wird, dass die Zielerreichung wahrscheinlich wird. Die Planungsphase markiert auch den Übergang von Motivation zu Volition. Es erfolgt eine Fokussierung auf das Ziel, alles Kontraproduktive, wie Ablegung oder Unterbrechungen, wird unterlassen (Achtziger & Gollwitzer, 2010, S. 310, 311).

Die dritte Phase ist die **aktionale Phase** in der alles Nötige umgesetzt wird, um die Zielerreichung zu gewährleisten. Durch eine gewisse Routine wird eine Fokussierung auf die nötigen Aufgaben vereinfacht. Die Zielerreichung wird unterstützt, durch das beharrliche Verfolgen des Ziels und durch Anstrengungssteigerungen bei Schwierigkeiten, (Achtziger & Gollwitzer, 2010, S. 313).

Innerhalb der letzten Phase erfolgt die **Bewertung** anhand eines Soll-Ist-Vergleiches. Dabei wird festgestellt, welche Handlungsschritte lohnend waren und im Falle eines Misserfolges, welche nachgebessert werden müssen. Ist das Handlungsergebnis zufriedenstellend erreicht, wird am Ende dieser Phase das Ziel deaktiviert. Ist das Ergebnis nicht zufriedenstellend wird das Anspruchsniveau gesenkt, das Ziel deaktiviert oder beibehalten und neue Handlungen geplant, um die Erreichung des gewünschten Zielzustandes zu fördern (Achtziger & Gollwitzer, 2010, S. 313).

Bei der ersten und letzten Phase des Rubikon-Models steht die Motivation im Fokus, die zweite und dritte Phase gelten als volitionale Phase. Volition beschreibt die Form von Prozessen, die sich auf das Streben nach Zielen bezieht. „Unter Zielstreben (»goal striving«) werden alle motivationsregulatorischen Phänomene verstanden, die sich um das Erreichen vorhandener Ziele drehen" (Achtziger & Gollwitzer, 2010, S. 113). Motivation (»goal setting«) hingegen bezieht sich auf die Prozesse, „[…] die mit dem Setzen von Zielen aufgrund deren Wünschbarkeit und Realisierbarkeit zu tun haben" (Achtziger & Gollwitzer, 2010, S. 113, 114).

Der Psychologe Julius Kuhn prägte in den frühen 1980er Jahren den Begriff der Handlungskontrolle. Dies soll erklären, weshalb sich Menschen für die Festlegung eines bestimmten Zieles entscheiden und dieses beharrlich verfolgen, anstatt zwischen dem Aufnehmen und Wiederaufgeben verschiedener Ziele zu schwanken. Handlungskontrollstrategien werden als Prozesse definiert, welche die Aufrechterhaltung einer Handlungsintention unterstützen können. Diese Strategien werden nachfolgend anhand eines Beispiels verdeutlicht. Eine Rezeptionistin könnte sich beispielsweise in der Entscheidungssituation befinden, ob sie zuerst die kurzfristig erhaltene Aufgabe, aktuelle Zahlen für die Direktion auszuwerten, nachkommt oder die täglichen Routinearbeiten zuerst abarbeitet. Des Weiteren ist es von Relevanz, wie das gesetzte Ziel bestmöglich erreicht werden kann. Kuhl unterscheidet dafür zwischen verschiedenen Handlungskontrollstrategien (Kuhl, 1987, S. 108).

- Die **Aufmerksamkeitskontrolle** hat zum Ziel absichtsgefährdende Informationen auszublenden und die Aufmerksamkeit bewusst auf Handlungen und Situationen zu lenken, die der Zielerreichung zuträglich sind (Kuhl, 1987, S. 108). Für das Beispiel könnte das bedeuten, dass bei der Auftragserteilung, aktuelle Zahlen für die Direktion auszuwerten, besondere Aufmerksamkeit auf die Dringlichkeit gelegt wurde. Dies kann u.a. durch die Wortwahl, die Stimmlage und an den kommunizierten Inhalten festgemacht werden.

- Die **Motivationskontrolle** hilft bei der gezielten Steigerung der eigenen Motivation, um förderlich auf die Zielerreichung einzuwirken (Kuhl, 1987, S. 108). Die Rezeptionistin könnte Anerkennung für die Auswertung der Daten erhalten. Es ist dabei nötig, dass die Rezeptionistin, die Zusammenstellung der Daten und die damit verbundene Anerkennung als erstrebenswertes Ziel anerkennt.

- Die **Emotionskontrolle** bezieht sich darauf über eine emotionale Verfassung zu verfügen, die förderlich für die Zielerreichung ist (Kuhl, 1987, S. 108). Die Rezeptionistin muss ihre Aufmerksamkeit auf die positiven Aspekte legen, um die benötigte Zuversicht zu erhalten.

- Das **handlungsorientierte Bewältigen von Misserfolgen** zielt auf das Ausschöpfen des eigenen Handlungsrepertoires bei Misserfolgen und auf das bewusste Abstandnehmen von unerreichbaren Zielen (Kuhl, 1987, S. 108). Im Beispiel der Rezeptionistin kann sich dies auch auf vergangene Misserfolge

21

beziehen, wie beispielsweise eine misslungene Auswertung von Daten in der Vergangenheit.

- Die **Umweltkontrolle** bezieht sich auf Veränderung der eigenen Umwelt, mit dem Ziel, alle Reize aus der unmittelbaren Umwelt zu entfernen, die der Realisierung des Zieles nicht zuträglich sind (Kuhl, 1987, S. 108). Die Rezeptionistin könnte, um fokussiert und effizient arbeiten zu können, das Telefon auf eine Kollegin umleiten und / oder sich einen ruhigeren Ort suchen.

- Die **Entkodierungskontrolle** bezieht sich darauf nur solche Informationen zu speichern, welche zur Erfüllung des Zielvorhabens von Relevanz sind und hinderliche Informationen auszublenden (Kuhl, 1987, S. 108). Für das dargestellte Beispiel könnte das bedeuten, dass sich die Managerin auf die Informationen fokussiert, die sie für die Zusammenstellung der aktuellen Zahlen benötigt.

Der Kontrollzustand der jeweiligen Person ist ein weiterer entscheidender Aspekt für die Zielerreichung. Dabei lässt sich zum einen zwischen der Handlungsorientierung und zum anderen der Lageorientierung unterscheiden. Die Handlungsorientierung zeichnet sich dadurch aus, auch bei unvorhergesehenen Herausforderungen, dass eine Person flexibel im Denken und Handeln bleibt. Die Lageorientierung zeichnet sich durch eine eher negativ geprägte Grundeinstellung aus, dabei erfolgt ein gewisses Verharren und die Fokussierung auf negativen Erfahrungswerten (Kuhl, 2010, S, 351).

Zusammenfasend ist festzuhalten, dass das Rubikon-Modell eine idealisierte Vorstellung menschlichen Handelns darstellt. Für die Praxis kann es sogar von Bedeutung sein zwischen den Phasen zu wechseln. Beispielsweise, wenn ein Ziel als unrealistisch identifiziert wird. Allerdings kann das Modell dabei helfen, wie dargestellt, entsprechende Strategien auszuwählen und zu entwickeln, um das Ziel möglichst effizient zu erreichen. Die Handlungskontrollstrategien nach Kuhn, ermöglichen ein Verständnis für das eigene Verhalten bei der Zielerreichung zu erlangen und dieses ggf. anzupassen.

Literaturverzeichnis

Achtziger, A. & Gollwitzer P. M. (2010). Motivation und Volition im Handlungs-verlauf. *In Heckhausen, J.* & Heckhausen, H. (Hrsg.). *Motivation und Handeln.* Berlin, Heidelberg: Springer.

Anderson, J. R. (2013). *Kognitive Psychologie.* (7. Aufl.). Berlin: Springer Verlag

Ansorge, U. & Leder, H. (2017). *Wahrnehmung und Aufmerksamkeit.* (2. Aufl.). Berlin, Heidelberg: Springer.

Bandura, A. (2000). Cultivate self-efficacy for personal and organizational effectiveness. In Locke, E. A. (Ed.), *Handbook of principles of organization behavior* (S. 120 – 136). Oxford, UK: Blackwell.

Bandura, A. (1995). *Self-efficacy in Changing Societies.* United Kingdom: Cambridge University Press.

Becker-Carus, C. & Wendt, M. (2017). Wahrnehmung. In. Becker-Carus, C. & Wendt, M. (Hrsg.). *Allgemeine Psychologie.* (2. Aufl., S. 73 – 156). Berlin: Springer

Einwiller, S. (2019). Reputation und Image in der Unternehmenskommunikation: Grundlagen, Einflussmöglichkeiten, Management. In Zerfaß, A., Piwinger, M. & Röttger, U. (Hrsg.). *Handbuch Unternehmenskommunikation.* Wiesbaden: Springer Gabler.

Essig, C.; Soulas de Russel, D. & Bauer, D. (2010). *Das Image von Produkten, Marken und Unternehmen.* (2. aktual. und erw. Aufl.). Sternenfels: Verl. Wiss. & Praxis.

Frey, D. (2016). *Psychologie der Werte – von Achtsamkeit bis Zivilcourage, Basiswissen aus der Psychologie und Philosophie.* Berlin, Heidelberg. Springer.

Flade, A. (1999). Wahrnehmung. In Asanger, R. & Wenninger, G. (Hrsg.). *Handwörterbuch der Psychologie* (S. 833 – 838). Weinheim: Belz.

Gegenfürther, K. R. (2011). *Gehirn & Wahrnehmung – Eine Einführung.* Frankfurt am Main: S, Fischer Verlag.

Gerrig, R. J. & Zimbardo, P.G. (2008). *Psychologie.* (18. Aufl.). München: Pearson.

Goldstein, E. B. (2015). *Wahrnehmungspsychologie: Der Grundkurs.* (9. Aufl.). Berlin: Springer.

Heckhausen, H. (1987). Wünschen – Wählen – Wollen. In Heckhausen, H.;

Gollwitzer, P. M. & Weinert, F. E. (Hrsg.). *Jenseits des Rubikon. Der Wille in der Humanwissenschaft.* Berlin / Heidelberg: Springer-Verlag.

Hoyer J., Yorck Herzberg P. Y. (2009). Optimismus. Bengel, J., Jerusalem, M. (Hrsg.). *Handbuch der Gesundheitspsychologie und Medizinischen Psychologie.* Göttingen: Hogrefe.

Jakoby, N. & Jacob, R. (1999). *Messung von internen und externen Kontroll- überzeugungen in allgemeinen Bevölkerungsumfragen.* ZUMA Nachrichten, 23(45), S. 61-71.

Kuhl, J. (1987). Motivation und Handlungskontrolle. Ohne guten Willen geht es nicht. In H. Heckhausen; P. M. Gollwitzer & F. E. Weinert (Hrsg.). *Jenseits des Rubikon.* (S. 101 –120). Berlin: Springer

Kuhl, J. (2010). Individuelle Unterschiede in der Selbststeuerung. In Heckhausen, J. & Heckhausen, H. (Hrsg.). *Motivation und Handeln.* (4., überarb. und erw. Aufl.). Berlin, Heidelberg: Springer Verlag.

Myers, D. G. (2014). *Psychologie.* (3. Aufl.). Berlin: Springer.

Schwarzer, R., Jerusalem, M. (2002). Das Konzept der Selbstwirksamkeit. Matthias, J. & Hopf, D. (Hrsg.). *Selbstwirksamkeit und Motivationsprozesse in Bildungsinstitutionen.* Zeitschrift für Pädagogik, Beiheft, 44. S. 28-53. Weinheim: Beltz. Zugriff am 27.12.2020. Verfügbar unter https://www.pedocs.de/volltexte/2011/3930/pdf/ZfPaed_44_Beiheft_Schwarzer_J erusalem_Konzept_der_Selbstwirksamkeit_D_A.pdf

Von der Assen, C. (2016). *Crash-Kurs Psychologie.* Berlin, Heidelberg: Springer.

Vollmann M., & Weber H. (2011). Gesundheitspsychologie. Zugriff am 11.01.2021. Verfügbar unter https://kops.uni- konstanz.de/bitstream/handle/123456789/13972/Vollmann- etal.pdf?sequence=1&isAllowed=y

Weber H. & Vollmann M. (2005). Gesundheitspsychologie Health Psychology. Zugriff am 11.01.2021. Verfügbar unter http://kops.uni- kon- stanz.de/bitstream/handle/123456789/10805/Weber_Gesundheitspsychologie.pdf

BEI GRIN MACHT SICH IHR WISSEN BEZAHLT

- Wir veröffentlichen Ihre Hausarbeit,
  Bachelor- und Masterarbeit

- Ihr eigenes eBook und Buch -
  weltweit in allen wichtigen Shops

- Verdienen Sie an jedem Verkauf

Jetzt bei www.GRIN.com hochladen
und kostenlos publizieren